UITSPRAKEN EN INSPIRATIE VAN

DESMOND TUTU

BELIEVE

MET EEN VOORWOORD VAN
AARTSBISSCHOP DESMOND TUTU

UBUNTU

Unieboek

'Als ik jou kleineer, kleineer ik mezelf.'

De grootste eer die je in mijn cultuur aan iemand kunt bewijzen is te zeggen: 'Yu, u nobuntu.' Daarmee erken je dat die persoon de prachtige eigenschap *ubuntu* bezit. *Ubuntu* verwijst naar wat je voor andere mensen doet; het heeft te maken met hoe je anderen en jezelf ziet binnen relaties, je gezin, je familie en de gemeenschap. *Ubuntu* stelt een grondbeginsel van de Afrikaanse filosofie aan de orde: de kern van het mens zijn.

De definitie van *ubuntu* is tweeledig. Ten eerste is zo'n persoon vriendelijk, gastvrij, gul, zachtaardig, hartelijk en meelevend. Met andere woorden: iemand die zijn of haar sterke kanten in dienst stelt van anderen – de zwakken, armen en zieken – en die van niemand misbruik maakt. Zulke mensen behandelen anderen zoals ze zelf behandeld willen worden. En daardoor geven ze uitdrukking aan het tweede deel van dit concept: openheid en ruimhartigheid. Ze delen hun kwaliteiten. Op die manier wordt mijn menselijkheid herkend en wordt die onlosmakelijk verbonden met die van hen.

Mensen met *ubuntu* zijn benaderbaar en gastvrij, hun houding is vriendelijk en welwillend. Ze voelen zich niet bedreigd door de goedheid van anderen, omdat hun eigenwaarde en zelfbeeld zijn ontstaan uit het besef dat ze deel uitmaken van een groter geheel. De uitspraak van de Franse filosoof René Descartes: 'cogito, ergo sum' (ik denk, dus ik besta), zou, gegoten in het concept van *ubuntu* kunnen luiden: 'ik ben menselijk omdat ik ergens bij hoor.' Of: 'een persoon is een persoon door andere personen'. Niemand komt volledig gevormd ter wereld. We zouden niet weten hoe we moesten denken of lopen of praten of ons moesten gedragen als we dat niet van andere mensen leerden. We hebben andere mensen nodig om menselijk te zijn. De solitaire, geïsoleerde mens is een contradictio in terminis.

Omdat we elkaar nodig hebben, zijn we van nature geneigd om coöperatief en hulpvaardig te zijn. Als dat niet zo was, zouden we – verteerd door geweld en haat – als soort al lang geleden uitgestorven zijn. Maar dat is niet zo. Ondanks het kwaad en de oorlogen die eeuwenlang voor zo veel ellende en lijden hebben gezorgd, hebben we het volgehouden. We hebben het volgehouden omdat we streven naar harmonie en gemeenschappelijkheid. Een gemeenschap niet alleen voor de levenden, maar ook een die onze voorouders in ere houdt. Die band met het verleden geeft ons een gevoel van continuïteit. Een gevoel dat we maatschappijen creëren en hebben gecreëerd ten gunste van het algemeen welzijn; en we proberen alles wat dat doel ondermijnt te overwinnen. Onze strijd eindigt; we zijn op zoek naar heling.

Maar woede, weerzin, wraaklust, afgunst en zelfs de agressieve rivaliteit die een groot deel van onze huidige wereld zo beheerst, tasten die harmonie aan en brengen haar in gevaar. *Ubuntu* maakt duidelijk dat degenen die op zoek zijn naar vernietiging en dehumanisatie ook slachtoffers zijn. Slachtoffers – meestal – van een zich verspreidend ethos, of dat nu een politieke ideologie, een economisch systeem of een verstoorde religieuze overtuiging is. Met als gevolg dat zij net zo ontmenselijkt zijn als degenen die ze vertrappen.

Nooit is dit duidelijker naar voren gekomen dan tijdens de jaren van de apartheid in Zuid-Afrika. De complete mensheid is onderling verbonden. En dus was de menselijkheid van de daders van de apartheid onverbiddelijk verbonden met die van hun slachtoffers. Toen ze elkaar door het opleggen van lijden en kwaad dehumaniseerden, dehumaniseerden ze zichzelf. Sterker nog, ik heb in die tijd gezegd dat de onderdrukker minstens even zeer, en zo niet meer ontmenselijkt was dan de onderdrukten. Hoe moet je anders de woorden van Jimmy Kruger, destijds minister van justitie, interpreteren na de dood van Steve Biko, de intellectueel leider van de beweging voor zwart bewustzijn? Zijn reactie op diens pijnlijke marteldood in de gevangenis was: 'Het laat me koud.' Je dient je af te vragen wat er is gebeurd met de menselijkheid – de *ubuntu* – van iemand die zo gevoelloos over het lijden en sterven van een medemens kan praten.

Al even duidelijk was dat het herstel van deze situatie een grootmoedigheid van de kant van de slachtoffers zou eisen indien er sprake zou zijn van een toekomst. Ik besefte dat het einde van de apartheid *ubuntu* op de proef zou stellen. Toch heb ik nooit getwijfeld aan de kracht van verzoening. Vaak heb ik gedacht aan de woorden van een man met de naam Malusi Mpumlwana, een kameraad van Biko, die, zelfs terwijl hij gemarteld werd door de geheime politie, naar zijn verwondingen keek en zich realiseerde dat ook zij mensen waren en hem nodig hadden 'om hen te helpen de menselijkheid die ze aan het verliezen waren, terug te vinden'.

De essentie van *ubuntu* kwam duidelijk naar voren tijdens de hoorzittingen van de Zuid-Afrikaanse Waarheidscommissie midden jaren negentig. Slachtoffers vergaven inderdaad hun beulen, en ze vergaven zelfs degenen die de apartheid hadden ondersteund door er niets tegen te ondernemen. En sommige daders bekenden en vroegen om vergeving – zij kregen amnestie. Deze vergevingsgezindheid had niets te maken met onbaatzuchtigheid. Het ging om herstel van de eigen waardigheid en menselijkheid, en om het schenken ervan aan de vroegere onderdrukkers.

Deze uiting van *ubuntu* maakt duidelijk dat we alleen sámen menselijk kunnen zijn. Alleen samen kunnen we vrij zijn.

Zijne hoogwaardige excellentie Desmond M. Tutu, OMSG DD FKC

Emeritus Anglicaanse aartsbisschop van Kaapstad

Desmond Tutu

Aartsbisschop Desmond Mpilo Tutu

De foto is zwart-wit. Hij is van beneden af in een menigte genomen zodat de figuur van bisschop Desmond Tutu scherp tegen de lucht afsteekt. Hij draagt het lange gewaad van de anglicaanse priester en zijn ogen zijn verborgen achter een donkere bril. Hij staat als een martelaar aan een onzichtbaar kruis genageld, de armen gespreid.

De foto laat niet het harde licht van de winterzon zien, of het stof dat opwaait door het gestamp en geschuif van jonge mensen tijdens de toyi-toyi-dans. Ook laat de foto niet de lijkkisten zien van de veertien mensen die een week eerder werden gedood tijdens een opstand in de Zuid-Afrikaanse township KwaThema bij Johannesburg.

De foto is genomen in juli 1985. In Zuid-Afrika was de noodtoestand van kracht omdat er gewelddadige opstanden broeiden in de steden en de townships. Een week eerder was in Duduza een vrouw in elkaar geslagen, verminkt en levend verbrand door een woedende menigte die ervan overtuigd was dat ze een *impimpi*, een verrader was. De stemmen en de ogen van de mensen waren vol haat en woede.

De begrafenisdienst voor de veertien slachtoffers werd in een voetbalstadion gehouden. Dertigduizend mensen waren bij elkaar gekomen, niet alleen om de doden te begraven, maar ook om te protesteren tegen het afschuwelijke apartheidsregime. Toen Tutu het stadion binnenkwam werd hij begroet met een ovatie die bijna 15 minuten duurde. Nadat het stil geworden was, klom hij op een tafel en bad voor de doden en de levenden. Daarna vertelde hij de menigte dat de gewelddadige dood van de vrouw in de week daarvoor hem met afschuw en wanhoop had vervuld.

'We strijden voor een rechtvaardige zaak,' zei hij. 'En we zullen ons doel zeker bereiken. Laten we onze zaak in 's hemelsnaam niet verknoeien door de verkeerde methoden te gebruiken. Als we dit opnieuw doen, moet ik jullie zeggen dat ik het heel moeilijk vind om nog langer voor onze vrijheid op te komen. Dat zal me dan heel veel moeite kosten – het is al moeilijk om in dit land de waarheid te spreken, maar als we methoden gebruiken zoals we in Duduza zagen, mijn vrienden, dan zal ik met mijn gezin het land verlaten waar ik zielsveel van houd, een land dat ik met heel mijn hart bemin.'[1]

De menigte was stil. Hier en daar klonk boegeroep, maar de meesten stonden met gebogen hoofd. De waarheid, gesproken door de man die hun stem was in een periode dat ze geen stem hadden, weerklonk in hun hart.

Een maand eerder, terwijl hij tijdens een begrafenis de mis opdroeg, was Tutu al geconfronteerd met een poging een *impimpi* te verbranden. Jongeren die woedend waren over de aanwezigheid van een politieman, hadden de auto van de man omvergegooid en in brand gestoken, en de man tegen de grond geslagen en hem met benzine overgoten. Ze maakten zich klaar om hem op de brandende auto te gooien toen Tutu zich samen met een andere priester door de menigte schreeuwende mensen worstelde. Hij kwam in zijn lange gewaad nauwelijks boven de hoofden van de jongeren uit terwijl hij vastberaden zijn weg naar het centrum van het tumult vocht. Al snel stond hij midden tussen het woedende geschreeuw in de gloed van de brandende auto, terwijl de bloedende, machteloze man zich aan zijn enkels vastklampte. Met tranen in zijn ogen smeekte Tutu de jongeren om het leven van de politieman te sparen. Onwillig gaven ze toe, en de gewonde man werd in een auto naar het ziekenhuis gebracht. Maar de woede was hoog opgelaaid en liet zich niet gemakkelijk temperen. De jongeren keerden zich nu tegen Tutu.

'Waarom mogen we niet op dezelfde manier met deze honden afrekenen als zij met ons doen?' riep er een, en dreigde Tutu met een sjambok, een leren zweep.[2] Onverschrokken antwoordde Tutu dat hij hun woede begreep, en hij wist dat velen van hen verraden, gevangengenomen en vermoord waren, maar dat ze een nobele en rechtvaardige strijd streden en dat het niet nodig was toevlucht te zoeken tot het geweld van de onderdrukkers. Er was geen reden om te moorden.

Toch vonden er elke week meer begrafenissen plaats, doordat de confrontaties tussen activisten en zwaarbewapende ordetroepen toenamen. En bij elke begrafenis raakten de gemoederen meer verhit. Er kwamen steeds meer regels die de omvang van begrafenissen beperkten. Marsen naar begraafplaatsen werden verboden, evenals politieke toespraken. Een openlijk ongehoorzame Tutu negeerde de nieuwe regels. Bij de begrafenis van drie door de politie doodgeschoten tienerjongens zei hij tegen meer dan tienduizend rouwenden: 'Ik zal niet luisteren naar mensen die mij vertellen wat ik moet prediken...'

'Ik predik het woord van Jezus Christus... Als ze wetten aannemen die onrechtvaardig en onverdraagbaar zijn, dan zal ik de wet overtreden.'[3]

Vijf dagen later deed hij dit inderdaad bij de begrafenis van een jong meisje. Politieagenten en soldaten in pantserwagens langs de route naar de begraafplaats sommeerden een kleine menigte van ongeveer vijftienhonderd mensen dat ze zich moesten verspreiden. De mensen reageerden hierop met een dreigende houding. Tutu stelde zich op tussen de met automatische bewapende troepen en de rouwenden die gewapend waren met stenen en stokken. Hij zei: 'Laat ons alsjeblieft onze doden waardig begraven. Verneder ons niet telkens weer opnieuw. We zijn al gewond, we zijn al de onderliggende partij. Vertrap ons niet. Wij zijn mensen, geen beesten. En als wij een dode te betreuren hebben, huilen wij op dezelfde manier als jullie.'[4] Na twintig minuten onderhandelen met de politie kon de begrafenis doorgang vinden.

Maar hoewel Tutu in de townships werd aanbeden, werd hij elke keer dat hij het geweld probeerde de kop in te drukken geconfronteerd met een volk dat tot wanhoop was gedreven. Dit gebeurde onder meer in township Alexandra bij Johannesburg, waar hij in een voetbalstadion een massa van veertigduizend mensen smeekte om confrontaties met de veiligheidstroepen uit de weg te gaan. Deze township had geleden onder een zeer aanwezige politiemacht, met escalerende confrontaties tussen bewoners en ordetroepen in de afgelopen maanden, steeds met doden als resultaat. Tutu was tussenbeide gekomen met de belofte dat er hij president P.W. Botha zou benaderen, maar de president weigerde hem te ontmoeten. Tutu keerde met lege handen terug naar Alexandra: hij kon geen hoop bieden, er waren geen concessies gedaan. De menigte rebelleerde, jouwde hem uit en schreeuwde dat de doden gewroken moesten worden. Toen Tutu het stadion verliet, werd hij omstuwd door jongeren die dreigende taal uitsloegen over gewelddadigheden die ze zouden begaan zodra hij weg was.

Maar hoewel het geweld zou voortduren en in de volgende acht jaar tot aan de eerste democratische verkiezingen van 1994 nog zou verergeren, en hoewel Tutu letterlijk hete tranen zou plengen om het lijden van zijn verscheurde land, liet hij zijn volk niet in de steek. Wanneer hij naar voren moest treden, deed hij het. Ook bleef hij vechten tegen het gebruik van geweld. Moorden was verkeerd. Hij verafschuwde bloedvergieten.

Het leven van aartsbisschop Desmond Tutu stond in het teken van politiek en geschiedenis. In een andere periode en op een andere plaats zou hij misschien slechts een geliefde hoeder van zijn gelovigen geweest zijn. Maar deze tijd eiste een andere houding van hem. En hij beantwoordde aan deze eis: zijn moraal verlichtte de duisternis die door de staat was gecreëerd, maar ook de duisternis waarin zijn volk was gehuld. Hij was hun stem en hun geweten – net zoals hij het geweten was van degenen die hem onderdrukten – en wanneer hij geconfronteerd werd met het pantser en de wapens van de regering, knielde hij voor de veiligheidstroepen neer om te bidden. Hij bad dan voor beide partijen.

Desmond Mpilo Tutu werd op 7 oktober 1931 geboren in het kleine plaatsje Klerksdorp, ongeveer honderddertig kilometer ten westen van Johannesburg. De eerste tien jaar van zijn leven verhuisde hij vier keer met zijn vader en moeder die het gezin tijdens een moeilijke economische periode probeerden te onderhouden. Hij werd ook geplaagd door ziekte en ongeluk. Als men zijn leven zou karakteriseren, kan men zeggen dat er altijd een patroon is geweest van beweging en verandering, die de noodzaak meebracht zich aan te passen aan telkens veranderende omstandigheden.

Tutu werd geboren uit 'regenboog'-ouders – een metafoor die vele tientallen jaren jaar later op het hele land van toepassing zou worden. Zijn vader sprak Xhosa, maar zijn moeder Motswana, een taal die tot een heel andere linguïstische groep en cultuur behoorde. Geheel volgens de gewoonten van het land sprak het gezin de taal van zijn vader en volgde het de Xhosa-tradities.

Tutu was het derde kind. Hun eerste zoon was als baby gestorven, en Tutu leek voorbestemd hetzelfde lot te ondergaan. Hij was vanaf zijn geboorte ziekelijk, en in zijn eerste levensjaar kreeg hij polio, waar toen nog veel kinderen aan stierven. Zijn vader was ervan overtuigd dat de baby zou sterven en trof al voorbereidingen voor de begrafenis. Tutu herstelde echter tegen ieders verwachting in, hoewel zijn rechterhand voor een deel verlamd bleef. (In de loop van jaren ontwikkelde hij de gewoonte over zijn hand te wrijven om de bloedcirculatie te stimuleren. Tijdens de politieke beroering van de jaren tachtig werd dit gebaar door zijn tegenstanders als een bewijs gezien van de schuld en onbetrouwbaarheid van deze lastige priester.) De jonge Tutu was nog maar net van de polio hersteld toen hij ernstig aan zijn dij verbrand raakte. Op een ijskoude winterochtend stond hij te dicht bij het vuur, waardoor zijn pyjama vlam vatte.

Alsof dit nog niet genoeg was, moest zijn vader, die onderwijzer was, telkens weer op een andere school lesgeven, en het gezin moest vaak verhuizen. Omdat het inkomen van zijn vader ontoereikend was, zag Tutu's moeder zich gedwongen in het verre Johannesburg huishoudelijk werk zoeken om de financiën van het gezin aan te vullen. Uiteindelijk, toen Tutu naar de middelbare school ging, werd het gezin weer verenigd in de township Munsieville. In de periode daarvoor leefde Tutu in een pension in Sophiatown, niet ver van zijn moeder. Hij bewonderde haar zeer: in zijn ogen was ze zachtaardig, meevoelend en zorgzaam. Daarnaast koos ze altijd de kant van de zwakkere en was ze altijd bereid om te delen – kwaliteiten die ook in zijn eigen leven telkens weer naar voren zouden komen. Op een dag, toen hij op het winderige station op de vroege trein naar school wachtte, zag hij daar een jongen staan huiveren in de snijdende kou. Snel deed hij een van zijn twee truien uit en gaf die aan de jongen. Hij drukte zijn zus op het hart dit niet aan hun moeder te vertellen.

Hoewel hij door zijn eigen wereld geheel in beslag werd genomen, werd Tutu zich steeds meer bewust van de rassenscheiding. Blanke mensen hadden betere huizen, betere scholen, en hun kinderen gooiden vaak hun boterhammen half opgegeten weg, wat hij alleen maar vreemd vond. Hij stelde zichzelf ook geen vragen over honger – die zijn vrienden ertoe bracht in de vuilnisbakken naar etensresten te zoeken. Maar toen een winkelier zijn vader 'jongen' noemde, was hij woedend over deze belediging. Andersom was hij zeer verwonderd toen een blanke priester zijn moeder groette door zijn hoed op te lichten: blanke mensen behandelden zwarte mensen over het algemeen niet met respect en dit gebaar maakte diepe indruk op de toekomstige aartsbisschop.

Tutu bracht zijn middelbareschooljaren door op de vooruitstrevende en gerespecteerde, maar ruige Western High bij Sophiatown, een voorstad van Johannesburg met een gemêleerde bevolking. Tien jaar later, midden jaren vijftig, zou deze gemeenschap gedwongen worden verdeeld over verschillende townships, en het gebied werd ingenomen door blanken die de wijk Triomf noemden. Voor Tutu vormde Sophiatown een cultureel rijke en opmerkelijk niet-racistische achtergrond tijdens zijn schooljaren. Na twee jaar op Western High kreeg Tutu op zijn veertiende tuberculose. De twintig maanden daarna werd hij verpleegd in een regeringssanatorium, maar zelfs dit deprimerende instituut kon Tutu's diepgewortelde optimisme niet temperen. Wanneer zijn vrienden hem opzochten, wilde hij weten wat ze op school hadden geleerd. En als ze stripboeken voor hem meebrachten vroeg hij in plaats daarvan literatuurboeken.

Gedurende deze maanden ontwikkelde zich een vriendschap met Father Trevor Huddleston, de legendarische priester van Sophiatown die, toen de gedwongen verhuizingen begonnen, zou proberen op te komen voor zijn parochianen. Huddleston had grote invloed op de religieuze richting die hij uiteindelijk zou kiezen. Hoewel Tutu's familieleden vrome mensen waren, hielden ze zich vooral bezig met de beginselen van het christendom en rekenden ze zich niet tot een specifieke stroming, al was Tutu als methodist gedoopt. Tutu verliet het sanatorium met een spiritueel gevoel dat door de jaren heen steeds intenser zou worden, terwijl zijn voorkeur bij de anglicaanse kerk was komen te liggen. Hij raakte meer en meer betrokken bij de plaatselijke parochiekerk en ging er vaak heen om te bidden, soms wel een uur lang.

Toen hij zijn diploma had gehaald, dacht Tutu echter meer aan medicijnen studeren dan aan predikant worden. Hij koos voor geen van beide, maar werd net als zijn vader onderwijzer en inspireerde zijn klassen met energie, gevoel voor humor en levenskracht. Discipline was nooit een probleem, zijn leerlingen aanbaden hem omdat hij hen zachtaardig en menselijk behandelde – twee kwaliteiten die hij levenslang zou uitdragen. Zelfs in de jonge onderwijzer was de houding al aanwezig van de toekomstige prelaat en leider die zelfs de gevaarlijkste situaties met dezelfde kalmte en moed tegemoet trad waarmee hij later nagenoeg elke crisis bezwoer.

De school waar Tutu lesgaf, stond in een onveilig deel van de township. *Tsotsi's* – criminelen – maakten op straat de dienst uit met hun messen en pistolen. Toen zo'n groepje de school binnendrong om letterlijk op meisjes te jagen, barricadeerden het schoolhoofd, de leraren en de leerlingen in paniek de klaslokalen. Tutu liep echter meteen op de onverlaten toe om ze te berispen. Al snel stonden ze grapjes met elkaar te maken, en de misdadigers borgen hun pistolen weg en slenterden de deur uit. Het was de eerste crisis die Desmond Tutu bezwoer, en er zouden er nog vele volgen.

Tutu's loopbaan als onderwijzer eindigde met de Bantu Education Act in 1955 van het apartheidsregime. Deze wet was bedoeld om de schoolboeken voor de zwarte jeugd te vereenvoudigen om ze zo voor te bereiden op een leven van lichamelijke – en dus onderdanige – arbeid. Tutu, die onderwijs en kennis als een middel zag waarmee vrijheid en onafhankelijkheid bereikt kon worden, wenste niet aan dit systeem mee te werken. Hij en zijn vrouw Leah, die ook onderwijzeres was, namen ontslag.

Tutu begon nu aan een geestelijk ambt te denken. Hij kon hier echter niet al te lichtzinnig een beslissing over nemen. Zijn vader, enkele van zijn vrienden, en zelfs sommige leerlingen van hem vonden dat hij dan zijn talenten zou verkwisten, maar Tutu zelf was overtuigd van de juistheid van zijn keuze. Hij verwees later naar deze beslissing als: 'God heeft me toen bij mijn nekvel gegrepen.'[5] Tegen 1960 had Tutu zijn studie afgerond, en hij werd eerst tot diaken, en een jaar later tot priester gewijd. Van zijn nieuwe taken vond hij niets fijner dan de plicht zijn parochianen te moeten bezoeken: het Avondmaal naar de zieken en de oude van dagen te brengen, op bezoek te gaan bij de eenzamen en de wanhopigen. Hij vertelde een keer aan een biograaf: 'Je kunt niet van ze houden tenzij je ze kent, en je kunt ze niet leren kennen tenzij je ze regelmatig opzoekt. Een goede herder kent zijn schapen bij hun naam.'[6]

Maar opnieuw kreeg het leven van de hartstochtelijke predikant een andere wending: hij werd uitgenodigd om theologie te gaan studeren aan King's College in Londen. Tutu zou de vijf volgende jaren in Engeland doorbrengen en twee verschillende theologische titels behalen. Tijdens zijn studie werkte hij ook als hulppriester, en hij bracht de laatste elf maanden van zijn verblijf door in de parochie van Bletchingley, een gemeenschap van 'landjonkers' en boerenknechten. Voor deze mensen was een neger een rariteit, maar Tutu schonk deze parochie zoveel geestkracht en vitaliteit, dat de dorpelingen hem en zijn gezin in hun hart gesloten. Als zijn jaren in Engeland hem bevrijd hebben van het juk der apartheid, hebben ze hem ook duidelijk gemaakt hoezeer dat juk kan onderdrukken: 'Het meest afschuwelijke aspect van apartheid, een godslasterlijk aspect, is dat het een kind van God kan doen twijfelen of hij wel een kind van God is wanneer hij zich midden in de nacht afvraagt: "God, ben ik uw stiefkind?"'[7]

De periode van vrijheid eindigde en onwillig keerde het gezin terug naar Zuid-Afrika. Tutu aanvaardde een aanstelling als docent aan de Theological Seminary in Alice in de oostelijke Kaapprovincie. Hij was ook als geestelijke verbonden aan de University of Fort Hare, de academische bakermat van veel Zuid-Afrikaanse politieke leiders, inclusief Nelson Mandela. En hier betrad Tutu voor het eerst het politieke strijdtoneel. In deze periode, eind 1968, was er een nieuwe beweging in opkomst die het verzet tegen de apartheid een nieuwe impuls gaf. Deze Black Consciousness-beweging riep zwarten op zich bewust te worden van hun eigenwaarde. De oppositie was grotendeels het zwijgen opgelegd na het bloedbad in Sharpeville van 1960 toen de politie minstens 69 mensen doodschoot. In dat jaar waren ook veel zwarte leiders gevangengenomen en opgesloten op Robben Island. Maar nu liet de oppositie weer van zich horen, met name op de University of Fort Hare. Toen de politie in pantserwagens de campus opreed om een demonstratie neer te slaan, haastte Tutu zich van het Theological Seminary naar de universiteit om ervoor te zorgen dat er geen arrestaties of gewelddadigheden zouden plaatsvinden. De politie probeerde hem tegen te houden, maar hij drong door de gelederen heen naar de studenten. 'Als jullie deze studenten arresteren, zullen jullie mij als geestelijk verzorger ook mee moeten nemen,' verklaarde hij.[8]

Deze confrontatie raakte Tutu diep. Zijn ervaringen met blanke mensen in Engeland hadden hem ervan overtuigd dat wanneer de blanken in Zuid-Afrika inzagen welke wonden er door de apartheid werden toegebracht, er een niet-racistische samenwerking kon ontstaan die tot een verandering in de politiek van het land zou kunnen leiden. Maar de wreedheid van de politie deprimeerde hem. Hij ging te rade bij God. Tijdens de mis de volgende dag stortte hij in, en hij barstte in huilen uit. Hij identificeerde zich sterk met de studenten en met de uitgangspunten van Black Consciousness. Echter, op het moment dat hij bezig was de strijd tegen de onderdrukking te verinnerlijken, zorgde het patroon van zijn leven er in 1969 voor dat hij zijn aanstelling aan de Theological Seminary beëindigde.

De vier daaropvolgende jaren leefde Tutu buiten Zuid-Afrika, eerst in Lesotho waar hij theologie doceerde aan de University of Botswana, en daarna in Londen waar hij mededirecteur van de Wereldraad van Kerken was. Door deze functie kreeg hij de gelegenheid veel te reizen, en dat deed hij vooral in Afrika. Tijdens die reizen leerde hij dat er op het Afrikaanse continent grote ongelijkheden bestonden tussen kerk en staat – zelfs in landen die kort daarvoor bevrijd waren van het kolonialisme – en hierdoor kon hij zijn theologische ideeën verfijnen. In een essay schreef hij: 'In de zwarte theologie gaat het over de mogelijkheid om zwart te zijn en toch christen te blijven; het gaat over de vraag aan wiens kant God staat; het heeft te maken met de vermenselijking van de mens, omdat degenen die onze menselijkheid vertrappen zichzelf in dat proces ontmenselijken; het gaat over het inzicht dat de bevrijding van de zwarte man de keerzijde is van de bevrijding van de blanke man – dus het heeft te maken met menselijke bevrijding.'[9] Dit zou een leidend gegeven worden in alles wat Tutu deed nadat hij in 1975 naar Zuid-

Afrika was teruggekeerd. Van dat moment af tot aan de hoorzittingen van de Waarheidscommissie dertig jaar later vormden deze ideeën het fundament van Tutu's houding tegenover menselijkheid. Dit is heel duidelijk terug te vinden in zijn formulering van een belangrijk ubuntu-beginsel : 'Een mens is een mens door andere mensen.'

Tutu's terugkeer naar Zuid-Afrika was beslist ongebruikelijk te noemen. Terwijl hij nog in Londen woonde, was hij voorgedragen als kandidaat voor de positie van de bisschop van Johannesburg – hij werd bij de verkiezing maar net verslagen. De nieuwe bisschop wilde echter de blanke hiërarchie binnen de kerk doorbreken, en benoemde hem tot hoofd van de St. Mary's Cathedral in Johannesburg. Hij was de eerste zwarte geestelijke in deze functie. Deze benoeming duwde hem het politieke strijdtoneel op, of hij nu wilde of niet. Tot dat moment had hij zich nooit met politiek bemoeid, en zijn carrière binnen de kerk had hij uitsluitend te danken aan zijn intellect, zijn wijsheid, en aan zijn invloedrijke persoonlijkheid. Vanaf nu hield zijn taak als geestelijke meer in dan het besturen van zijn parochie. In zijn eerste week als deken stond hij naast Winnie Mandela op het spreekgestoelte, en bracht hij theologische argumenten naar voren tegen harde wetgeving als de Terrorism Act. Hij hield een gebedsdienst van vierentwintig uur voor degenen die met behulp van deze wet zonder aanklacht gevangen gezet waren, en diende bij de regering en de blanke gemeenschap een petitie in met het verzoek deze mensen vrij te laten. Zijn boodschap was eenvoudig: het land stond aan de vooravond van een politieke explosie.

In mei 1976 waarschuwde hij in een Johannesburgse krant dat er een 'bloedige confrontatie' ophanden was.[10] Een paar dagen later, terwijl hij in retraite was, voelde hij zich door God geroepen om een brief te schrijven naar de eerste minister, John Vorster. Hij sprak deze regeringsleider aan op zijn menselijkheid, op zijn religieuze overtuiging en op zijn gevoelens als vader en grootvader. Hij eindigde met de onheilspellende woorden: 'Ik ben bang, vreselijk bang dat we binnenkort een punt zullen bereiken waarop de gebeurtenissen onomkeerbaar worden, en hun eigen momentum creëren waardoor we een bloederige ontknoping niet meer zullen kunnen tegenhouden...'[11] Zes weken later kwam de 'explosie'. Zwarte schoolkinderen in Soweto rebelleerden tegen het onderwijssysteem, en een golf van gewelddadige opstanden trok over het hele land. Tutu hield gebedsbijeenkomsten, was constant aanwezig in de townships en riep zijn blanke parochianen op om onderdrukking te veroordelen. Hij was diep geschokt door hun gebrek aan betrokkenheid.

Daarna nam het leven van Tutu opnieuw een onverwachte wending. Hij werd gekozen tot bisschop van Lesotho. Op het moment dat hij nauw betrokken was bij de dringende problemen van zijn land, werd hij weer weggeroepen. En hoewel hij de functie van bisschop lang had geambieerd, leek het hem ongepast om deze benoeming nu te aanvaarden. Toch deed hij wat er van hem verlangd werd, en hij wijdde zich met heel zijn hart aan zijn parochie in het kleine bergkoninkrijk, al zag hij dat het geweld in zijn geliefde land steeds verder oplaaide. Twee jaar later vond er weer een verandering in zijn loopbaan plaats, toen hij door de Zuid-Afrikaanse Raad van kerken werd gevraagd om algemeen secretaris te worden. Dit was een zeer invloedrijke functie, die in de zes jaar dat Tutu hem vervulde bekend werd als 'de heetste kerkelijke zetel in het land'.[12]

Hoewel hij nu geen parochie had, voelde Tutu zich genoodzaakt zich uit te spreken tegen de polarisering tussen kerk en staat. Hij bleef een overtuigd pacifist, maar zei dat hij begreep waarom jonge zwarte mensen naar de wapens grepen. Hij pleitte voor economische sancties tegen het land en tegen de Zuid-Afrikaanse bedrijven, en riep multinationals op om hun investeringen in het land terug te trekken. Hij gaf toe dat dit op de korte termijn verlies aan banen kon betekenen, waardoor de zwarte nog erger zou lijden, maar hierdoor zou er sneller een einde aan de apartheid komen. Maar al waren dit woorden van een politieke priester, hij bleef ook een herder die bezorgd was om het welzijn van zijn volk. Hij was telkens weer aanwezig op plaatsen die mensen gedwongen moesten verlaten, en hij reisde geregeld naar de thuislanden waar de zwarte bevolking werd gedumpt.

Het apartheidsregime streefde naar een blank Zuid-Afrika met een groot aantal zwarte vazalstaten en deporteerde met geweld hele dorpen binnen 'blanke gebieden', waarbij de bewoners in de thuislanden werden geherhuisvest, vaak midden in de wildernis. Tutu bezocht deze plaatsen en bad samen met de mensen. Hij werd jarenlang achtervolgd door de woorden van een klein, ondervoed meisje dat hij op een van deze plekken had ontmoet. Hij schreef ook over dit meisje in de brieven waarin hij om mededogen smeekte bij de nieuwe eerste minister – later president – P.W. Botha. Toen hij haar vroeg wat ze deed als ze honger had en niemand haar iets te eten kon geven, zei het kleine meisje: 'We drinken water om onze maag te vullen.'[13] Tutu werd overspoeld met medelijden.

Door zijn daden en oproepen werd hij bij blanken in heel Zuid-Afrika steeds minder populair. Rechtse anglicanen verlangden van hun kerkelijk leiders dat ze hem het zwijgen oplegden. Elke keer dat hij sprak, riskeerde hij gerechtelijke vervolging of verbanning. Het was onvermijdelijk dat hij een keer gearresteerd zou worden. Dit gebeurde tijdens een ruim van tevoren aangekondigde protestmars voor een collega die door de politie gevangen was gezet. De demonstranten werden voor het kantoor van de krant *The Star* door een peloton zwaarbewapende oproerpolitie in camouflagepakken tot staan gebracht. Alle leiders werden gearresteerd en opgesloten in de cellen van het beruchte John Vorster Square-politiebureau. Niet in het minst ontmoedigd, ging Tutu zijn collega's voor in gebed, en ze zongen psalmen. De volgorde dag kregen ze allemaal een boete op grond van de Riotous Assemblies Act en werden ze vrijgelaten.

In de jaren tachtig werd Tutu een belangrijk figuur in de strijd tegen apartheid. Hij bezocht politieke gevangenen en hun families, hij droeg de mis op bij begrafenissen, hij leidde protestmarsen en hij hield gebedsbijeenkomsten. Terwijl het geweld tussen staat en bevolking steeds verder escaleerde, sprak hij zich uit tegen gewelddadigheden, inclusief de barbaarse praktijk van 'necklacing' – zij die waren beschuldigd van verraad kregen een autoband overgoten met benzine om hun nek, waarna de band werd aangestoken. Tutu had er niet zelf voor gekozen de stem te zijn van degenen die geen stem hadden. Hij was geen politiek priester, meer een priester die tot de politiek veroordeeld was. Maar hij droeg deze mantel als een profeet, en zei wat hij dacht dat juist was. Hiermee wekte hij bij veel blanken diepe haat en woede op, en hij werd overspoeld met mondelinge dreigementen, dreigbrieven en obscene telefoontjes.

Vanaf 1984 werd hij internationaal steeds bekender. In dat jaar ontving hij een aantal onderscheidingen van universiteiten in de Verenigde Staten en Groot-Brittannië en, vanuit Oslo, de prestigieuze Nobelprijs voor de vrede. Maar nog voor hij de Nobelprijs in ontvangst kon nemen, werd hij benoemd tot bisschop van Johannesburg. Hij was de eerste zwarte priester die deze functie vervulde. Tutu was zich er in Oslo zeer van bewust dat de prijs net zo goed werd toegekend aan degenen die hij vertegenwoordigde als aan zijn eigen persoon. Hij hoorde de voorzitter van het Nobelprijscomité vertellen over een televisieprogramma, waarin Tutu over een bloedbad sprak in zijn 'angstige en bittere parochie' en had gezegd: 'Haat niet, laat ons de vreedzame weg naar vrijheid kiezen.'[14] Het was een boodschap die de bisschop in Zuid-Afrika zou blijven uitdragen, zelfs al steeg het aantal doden.

In 1986 onderging Tutu's leven opnieuw een verandering toen hij werd gekozen tot aartsbisschop van Kaapstad, waarmee hij het hoofd van de anglicaanse kerk van het land werd. Opnieuw was hij de eerste zwarte priester in deze functie. Met het kwajongensachtige plezier dat hem eigen is, vertelde hij de journalisten: 'Ik ben sprakeloos, en sommige mensen hopen dat dat altijd zo zal blijven.'[15]

Een hem typerende, zeer belangrijke daad in zijn nieuwe rol als aartsbisschop ('Hij liet T-shirts bedrukken met de woorden 'Call me Arch') vormde het leiden van een protestmars door de straten van Kaapstad in september 1989. Hieraan was een aantal protestmarsen en demonstraties bij kerken in de stad voorafgegaan, waaronder een demonstratie in de township Gugulethu die in een zeer gespannen sfeer was verlopen. Kinderen en leraren dreigden gezamenlijk naar het plaatselijke politiebureau te marcheren om de vrijlating van gevangenen te eisen. Zwarte, dikke rook steeg op van een brandende barricade. Tutu was bang voor een gewelddadige reactie van de politie, en slaagde erin de demonstranten ervan te overtuigen dat ze er verstandig aan deden uit elkaar te gaan. Als dank voor zijn moeite schoten de veiligheidstroepen traangasgranaten af op de zich verspreidende menigte.

De stemming die maand was zeer beladen. In de eerste paar weken van september was het aantal doden in de stad al tot boven de twintig opgelopen. Een week later werd Tutu's vrouw een paar uur gearresteerd, omdat ze had geprobeerd een petitie aan te bieden aan de Britse ambassade waarin ze Margaret Thatcher opriep tot sancties. Tutu voelde dat God hem de opdracht gaf een tocht voor de vrede te lopen, en hij zorgde voor de organisatie daarvan. Hij leidde een menigte van dertigduizend mensen: winkelbedienden, leden van de United Party, blanke schoolkinderen in hun uniform, iedereen liep mee in een vreedzame, twee kilometer lange processie door de stad. Kantoorpersoneel leunde uit het raam en juichte de optocht toe, verkeer kwam tot stilstand, de demonstranten zongen en dansten de toyi-toyi-dans.

Voor het stadhuis vroeg Tutu aan de menigte elkaar bij de hand te nemen en hij richtte zich tot de regering: 'Kom kijken naar hoe dit land zich zal ontwikkelen. Dit land is een regenboogland! Dit land is technicolor! Hier kunnen jullie het nieuwe Zuid-Afrika zien!'[16] Deze demonstratietocht zorgde ervoor dat de regering het verbod op protestmarsen ophief. Het was het begin van een nieuwe tijd waarin vrijheidsbewegingen werden toegestaan en politieke leiders de gevangenis mochten verlaten. Er zat verandering in de lucht, en er kwamen onderhandelingen om uit de impasse te geraken. Toch bleef geweld het land teisteren, en Tutu moest nog vaak plaatsen bezoeken – waar zich bloedbaden hadden voltrokken – om te bidden bij begrafenissen. Ook leidde hij vele religieuze delegaties die de voorzichtige vredesbesprekingen op gang probeerden te houden.

Misschien had Tutu na de inwijding van de nieuwe regering in 1994 gehoopt dat zijn dagen als politiek priester voorbij zouden zijn, maar hij werd al snel opgeroepen om de Waarheidscommissie voor te zitten. Het idee achter deze commissie, waar hij een groot voorstander van was, was dat slachtoffers hun verhaal konden vertellen. Het gaf ook de daders de mogelijkheid om te bekennen en onder bepaalde omstandigheden amnestie te verkrijgen. Het was een natuurlijke keuze om Tutu als voorzitter aan te wijzen. Niemand anders had er de morele autoriteit, het mededogen en de empathie voor, en dan is zijn gevoel voor humor nog buiten beschouwing gelaten – onmisbaar voor wie zo'n emotioneel proces moet leiden.

En hoewel hij deze rol van leidsman en bemiddelaar zonder morren op zich nam, eiste deze ervaring wel een grote emotionele tol. Terwijl hij luisterde naar de getuigenis van een oudere, gemartelde man, boog Tutu zijn gezicht naar de tafel en begon hij te huilen. De zitting werd geschorst, maar zelfs toen deze later werd hervat, moest Tutu soms op zijn lip of op een vinger bijten om zijn emoties onder controle te houden. Evenzo trof een journalist hem aan het eind van een hoorzitting met voormalig president De Klerk in elkaar gezakt in een stoel en verslagen aan. Waarom, vroeg hij zich af, kon de man geen onvoorwaardelijke verontschuldiging over zijn lippen krijgen voor het lijden dat zijn politiek had veroorzaakt? Voor Tutu, opgegroeid in de traditie van ubuntu, ontkende De Klerk met zijn onbuigzame houding zijn eigen menselijkheid. Tutu voelde diep verdriet, en was de tranen nabij.

Voor velen was Tutu de Waarheidscommissie in persoon: zijn reactie was de reactie van het hele land. Velen geloofden zelfs dat er zonder hem geen Waarheidscommissie had kunnen bestaan en dat hij zeker van het grootste belang voor de realisering ervan was. Aan het eind van de hoorzittingen zei Alex Boraine, de vicevoorzitter: 'Ik denk niet dat de commissie had kunnen overleven zonder de persoon en het leiderschap van Desmond Tutu.'[17]

Aan het eind van de hoorzittingen kon Tutu, die zijn ambt als aartsbisschop had neergelegd, een kalm leven van gebed en meditatie gaan leiden. Maar ondanks gezondheidsproblemen die uitmondden in een aantal operaties tegen prostaatkanker, bleef hij zich uitspreken tegen onrechtvaardigheid, hebzucht en geweld, waar dit ook maar voorkwam. En in zijn eigen land bleef hij een morele kracht die de nieuwe regering tot de orde riep wanneer hij corruptie en hebzucht ontdekte, of wanneer de overheid niet tegemoetkwam aan de noden van de bevolking. Vele jaren eerder had hij op een All Africa Conference of Churches tegen de aanwezigen gezegd: 'We zijn pas echt helpers van God als we aan de kant van de zwakken, de machtelozen en de uitgebuitenen staan.'[18] Zijn houding bleef onveranderd, en Tutu droeg deze met onverminderde bezieling uit.

Mike Nicol
Kaapstad, 2006

Een periode van crisis is niet alleen een tijd vol angst en zorgen. Hij geeft je de mogelijkheid om goede of slechte keuzes te maken.

We leven in een moreel universum, wat inhoudt dat ondanks alles wat het tegendeel lijkt te beweren, het uitgesloten is dat slechtheid, onrechtvaardigheid, onderdrukking en leugens het laatste woord kunnen hebben… Dat heeft het moreel van ons volk overeind gehouden, de wetenschap dat het goede uiteindelijk zal zegevieren.

In een situatie waarin een mensenleven niets waard lijkt, en waarin mensen als vliegen worden doodgeslagen, moeten we alles op alles zetten om duidelijk te maken hoe ontzettend belangrijk een mens is.

Als we tijdens ons leven voldoende hebben liefgehad, is er leven na de dood – onze liefde gaat generaties lang mee.

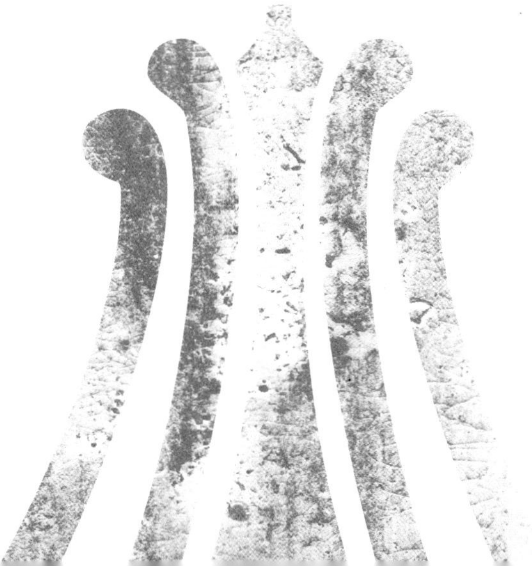

Ik begin er steeds meer van overtuigd te raken dat alles wat we doen gevolgen heeft. Een goede daad gaat niet zomaar in rook op.

VERGIFFENIS HEEFT NIET ALLEEN TE MAKEN MET ONBAAT-ZUCHTIGHEID.

Een mens is een mens

door andere mensen.

Niemand komt volledig gevormd ter wereld. We zouden niet weten hoe we moesten denken of lopen of spreken of onszelf gedragen als we dat niet van onze medemensen zouden leren. We hebben andere mensen nodig om menselijk te zijn. Ik ben doordat andere mensen zijn.

Een mens heeft recht op een evenwichtige gemeenschap, en de eerste gemeenschap waarin hij leeft is het gezin.

In een gelukkig gezin ontvang je niet terug wat je erin steekt. Je ontvangt wat je nodig hebt.

Als we in staat zouden zijn onze gemeenschappelijke menselijkheid te herkennen, en zouden begrijpen dat we bij elkaar horen, dat we elkaars lot in handen houden, dat we alleen maar gezamenlijk kunnen overleven, dat we slechts samen vrij kunnen zijn en dat we alleen met elkaar menselijk kunnen zijn, dan zou er een glorieuze wereld ontstaan waarin wij allen harmonieus kunnen samenleven als leden van één grote familie, de menselijke familie.

ALLEEN MET ELKAAR KUNNEN WE MENSELIJK ZIJN.

Kinderen zijn een wondermooi geschenk. Het zijn jonge, kleine mensen met een eigen wil en eigen ideeën, die het vreselijk vinden wanneer ze neerbuigend worden behandeld. Ze begrijpen als geen ander de essentie van de wereld om hen heen, en hebben een groot talent voor het doorzien van huichelarij en bedrog.

Kinderen leren in het gezin hoe ze in het leven horen te staan. Daar leren ze wat macht, rechtvaardigheid, vrede en mededogen betekenen. Wanneer wij onze kinderen onderdrukken of juist vrij maken, is dat bepalend voor de mate waarin ze later zelf zullen onderdrukken of onderdrukt zullen worden, of voor de mate waarin ze anderen vrij zullen maken of zelf vrij zullen zijn.

Mijn vader zei altijd: 'Verhef je stem niet. Bedenk betere argumenten.' De grootste schreeuwers hebben niet altijd de beste ideeën, en een onhandelbare menigte is niet altijd in staat de juiste beslissing te nemen.

Ik heb veel voorbeelden gezien van de wreedheden die we elkaar kunnen aandoen… Ik heb ook ongelooflijke vergevingsgezindheid en mededogen meegemaakt… Ja, ieder van ons bezit het vermogen om de vreselijkste dingen te doen… Maar in deze wereld staat tegenover elke gruweldaad een dozijn goede daden dat niemand opmerkt… Slechts omdat we ervan overtuigd zijn dat mensen het goede horen na te streven, worden we wanhopig als ze het slechte doen. Pas wanneer mensen het kwaad gaan vergoelijken, mogen we onze hoop verliezen. Maar in het grootste deel van de wereld is dit niet het geval. We weten dat we voor iets beters zijn voorbestemd.

IK BEMIN OM BEMIND TE WORDEN

Vrijheid is zo onverbrekelijk verbonden met het begrip mens, dat je rustig kunt stellen dat een onvrij mens een tegenstrijdig gegeven is. In een ideale samenleving genieten degenen die ertoe behoren van hun vrijheid, vooropgesteld dat ze geen inbreuk maken op de vrijheid van anderen. We zijn vrij om vriendschappen aan te gaan, onze mening naar voren te brengen, om te gaan en te staan waar we willen, en om degenen te kiezen die onze samenleving besturen. Dit hoort onmiskenbaar bij het begrip mens. Het verlangen naar de vrijheid om mens te zijn kan niet worden vernietigd. Daar zullen tirannen en onrechtvaardige leiders het mee moeten doen. Ze kunnen hun slachtoffers er niet van weerhouden mens te zijn. Hun onrechtmatige regimes zullen uiteindelijk het veld moeten ruimen omdat ze iets proberen te ontkennen dat niet ontkend kan worden.

Laat me zien wat jullie in je handen hebben. Wat hebben jullie in je handen? Laat me zien, laat me zien... Jullie handen zijn leeg; jullie hebben niets bij je! Waarom zijn ze zo bang voor lege handen?... Het is heel belangrijk om te beseffen dat jullie het morele recht aan jullie kant hebben. Ja, misschien voelen jullie je verslagen; sommigen van jullie zijn verslagen; ja, misschien huilen jullie van verdriet, en misschien worden jullie in elkaar geslagen... Sommigen van jullie zullen nog gevangen genomen worden. Sommigen van jullie zullen nog moeten vluchten voor het traangas. Sommigen van jullie zullen zelfs nog sterven. Dachten jullie dat dat bij wijze van spreken was? Toen we zeiden dat er doden zouden vallen tijdens onze strijd, dachten jullie toen dat dat bij wijze van spreken was? Dat was niet bij wijze van spreken. Dit is echt, dit is de realiteit. En we hebben onszelf ertoe verplicht, we hebben onszelf opgelegd te strijden tot we vrij zijn. Maar we moeten ons niet gedragen als mensen die denken dat ons doel niet zo veel voorstelt. De trofee waar we voor strijden is vrijheid, vrijheid voor ons allemaal, ook vrijheid voor degenen die buiten staan, vrijheid voor hen! Want weet je, wanneer wij vrij zijn, als wij vrij zijn, zullen zij hier nog steeds zijn; ook dan zullen ze hier zijn, maar dan om samen met ons de vrijheid te vieren, en ze zullen niet meer buiten staan om ons van onze vrijheid af te houden... Recht dus nu jullie schouders, kom, recht jullie schouders als mensen die voor de vrijheid geboren zijn!

{Uit een toespraak voor geschokte demonstranten die St. George's Cathedral waren ingevlucht nadat ze door de politie (dat zijn in de toespraak 'degenen die buiten staan') waren omsingeld en werden afgeranseld met zwepen en wapenstokken. Meer dan tweehonderd mensen werden gearresteerd. Tutu onderhandelde met de politie, waarna de menigte zich vreedzaam kon verspreiden. September

1989}

GELIJKHEID IS VAN ESSENTIEEL BELANG VOOR HET WELZIJN VAN DE MENS.

Verschillen zijn niet bedoeld om voor verdeeldheid te zorgen of om afstand te scheppen. We verschillen juist van elkaar om te beseffen hoezeer we elkaar nodig hebben.

Ik kan niet tegen racisme zijn, dat mensen discrimineert om iets waar ze niets aan kunnen doen – hun huidskleur – en tegelijkertijd het grote onrecht accepteren dat anderen worden achtergesteld om iets anders waar ze niets aan kunnen doen – hun geslacht.

Ik ken een oude film, 'The defiant one's' genaamd. Daarin vallen twee aan elkaar geketende gevangenen tijdens een ontsnappingspoging in een sloot met glibberige zijkanten. Een van de twee slaagt erin zich naar boven te werken, maar zijn kameraad staat nog in de sloot en trekt hem weer naar beneden. De enige manier waarop ze de vrijheid kunnen bereiken is samen. De ene gevangene is zwart, en de andere blank: een aangrijpende parabel voor onze situatie in Zuid-Afrika. De enige manier waarop we kunnen overleven is gezamenlijk, zwart en blank; de enige manier waarop we echt menselijk kunnen zijn is met elkaar, zwart en blank.

Onze waarde is bepaald door wie wij zijn, en is niet afhankelijk van bijkomende zaken als prestaties, ras of geslacht.

Wat vertelt iemands huidskleur over zijn persoonlijkheid? Helemaal niets natuurlijk. Je kunt er niet aan aflezen of hij een warm hart heeft, of hij slim en gevat is, of dat hij altijd het goede nastreeft.

De vingers van een hand zijn afzonderlijk gemakkelijk te breken, maar alle vingers samen vormen een zeer sterk geheel. Laten we samen één volk vormen, laten we een volk van vrede zijn, laten we een harmonieus volk zijn.

{Uit een toespraak voor rouwenden op een massale begrafenisbijeenkomst in Jabulani Stadium, Soweto, augustus 1990}

Velen hebben er al op gewezen dat degenen die het verleden vergeten, gedoemd zijn om in herhaling te vervallen.

Iemand moet tegen ons volk zeggen: 'Ik houd van jullie, ik geef ontzettend veel om jullie.' En als ik me bekommer om de vrijmaking van de zwarten, is dat omdat ik me bekommer om de vrijmaking van de blanken.

NIETS IS TE VEEL MOEITE VOOR IEMAND DIE LIEFHEEFT.

We worden het kwaadst op degenen van wie we het meest houden omdat ze zo dicht bij ons staan en onze zwakheden zo goed kennen… Als we slechts leerden leven met onze onvolkomenheden, onze fouten en onze kwetsbaarheden, dan hoefden we degenen die ons werkelijk kennen niet zo ver van ons af te duwen.

We kunnen van anderen houden – met hun tekortkomingen – als we ophouden met onszelf te minachten – om onze tekortkomingen.

Veel mensen vragen mij wat ik van alle ervaringen in mijn leven geleerd heb, en ik zeg dan zonder aarzelen: ‘Mensen zijn geweldig.’ En dat is ook zo. Mensen zijn geweldig.

VREDE ZONDER RECHTVAARDIG-HEID IS EEN ONMOGELIJKHEID.

Als je onpartijdig wilt zijn in een onrechtvaardige situatie, heb je al partij gekozen. Je steunt dan het onrecht.

Voor vrede heb je nodig: rechtschapenheid, gerechtigheid, een gezonde mentaliteit, de volheid van het leven, deelname aan besluitvorming, goedheid, plezier, mededogen, verzoening en de bereidheid om te delen.

Als we op een afstandelijke manier naar onrecht kijken, en we krijgen ermee te maken, voelen we minder pijn omdat we hierdoor het knagende schuldgevoel en de wanhoop overwinnen die onder onze verbijstering woekeren. We kunnen dan de wond schoonmaken – die van ons en die van anderen – zodat hij uiteindelijk kan genezen.

Wij voelen allen angst, maar wanneer we die onder ogen durven zien en durven erkennen, kunnen we angst in moed veranderen. Moedig zijn betekent niet 'nooit bang zijn'; het betekent dat je handelt zoals je hoort te doen, zelfs als je ontzettend bang bent.

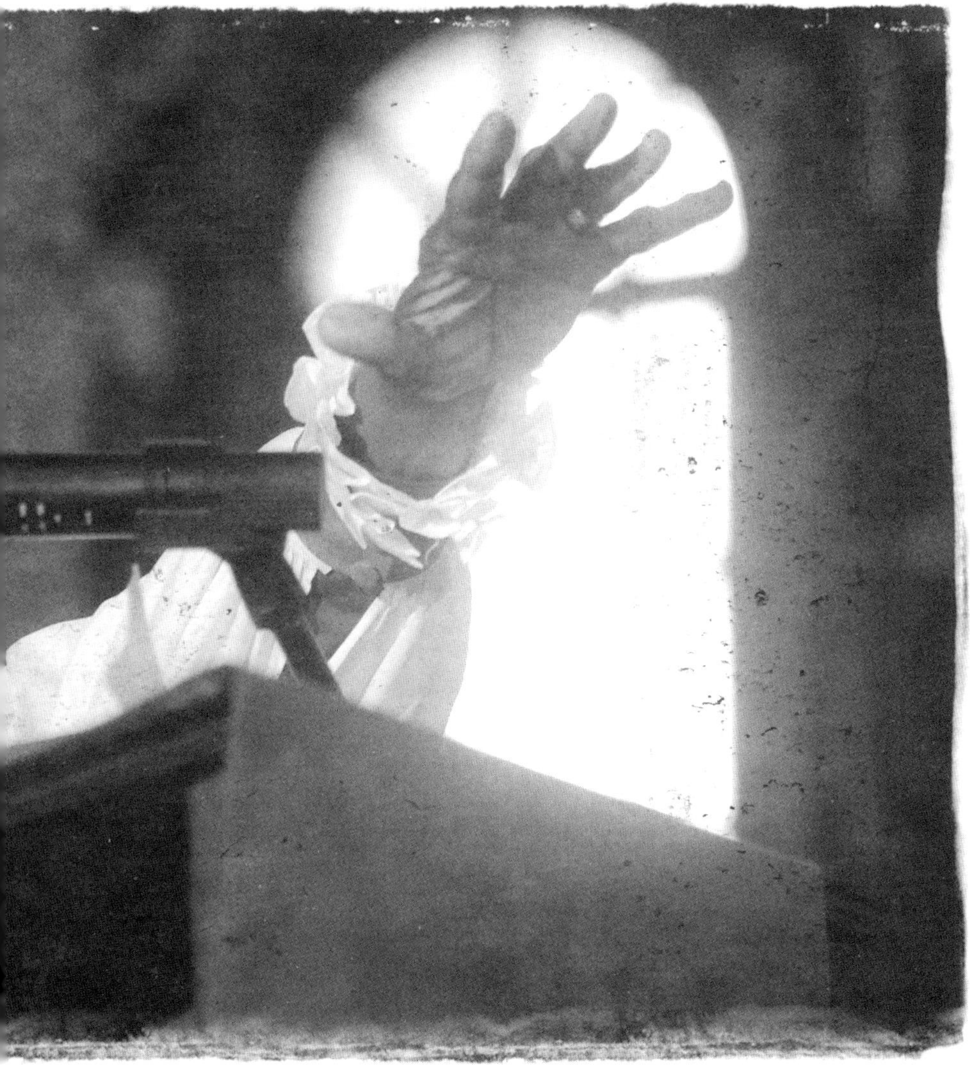

Wij mensen kunnen lijden verdragen maar we

kunnen geen leven zonder betekenis verdragen.

In tijden van wanhoop moeten we leren met nieuwe ogen om ons heen te kijken.

Ongelijkheid in de dood wordt veroorzaakt doordat we ons in het leven van elkaar afkeren. In een oorlog bijvoorbeeld, houden we onze verliezen bij om te zien wie er aan de winnende hand is... Wanneer we om onze eigen doden rouwen, lukt het ons niet langer om de doden van de andere partij te zien ... Misschien kunnen we pas als we ons om elkaars doden bekommeren werkelijk in deze wereld samen leren leven, zonder irrationele vooroordelen en vijandschappen.

Heb je wel eens een symfonieorkest gezien?… Helemaal achteraan zit iemand met een triangel. Zo nu en dan wijst de dirigent in zijn richting en dan speelt hij 'ting'. Dat lijkt misschien erg onbeduidend, maar in de visie van de componist zou er binnen de symfonie iets onvervangbaars verloren raken wanneer die 'ting' niet zou plaatsvinden.

{Uit een preek op de University of Natal, Durban, augustus

1981}

Vergiffenis geeft ons de mogelijkheid om een nieuwe start te maken... Vergiffenis is de genade die je iemand schenkt zodat hij weer kan opstaan – op een waardige wijze – om zijn leven opnieuw te beginnen... Als we iemand vergeven, zeggen we in feite dat we vertrouwen hebben in de toekomstige verstandhouding, en dat we vertrouwen hebben in het vermogen van de pleger van slechte daden om te veranderen.

Want werkelijke verzoening is een zeer persoonlijke aangelegenheid. Hij kan alleen plaatsvinden tussen mensen die opkomen voor hun eigen persoon, maar tegelijkertijd die van anderen erkennen en respecteren.

{Uit een toespraak tijdens de begrafenis van Steve Biko, september
1977}

Zeg alleen dingen waar je later geen spijt van krijgt. Het is heel makkelijk om iets negatiefs te zeggen, veel te makkelijk; het is veel te makkelijk om kritiek te leveren, om te klagen, om iets af te keuren. Laten we liever proberen goedheid in een mens te herkennen en laten we ons daarop concentreren. Laten we iemand liever prijzen dan naar zijn fouten te zoeken. Laten we liever anderen bedanken dan ons beklag doen – 'Dank je' en 'Alsjeblieft' zijn kleine woorden, maar ze bezitten een enorme kracht.

We horen ruimhartig te zijn in ons oordeel over anderen, want we kunnen nooit alles weten wat er over hen te weten valt.

Soms lijkt onze technische kennis groter dan ons morele vermogen deze aan te wenden voor het welzijn van de mensheid. We beschikken over voldoende mogelijkheden om iedereen te voeden, maar toch verhongeren er miljoenen mensen omdat we het verantwoordelijkheidsgevoel en de politieke wil missen om te doen wat we horen te doen.

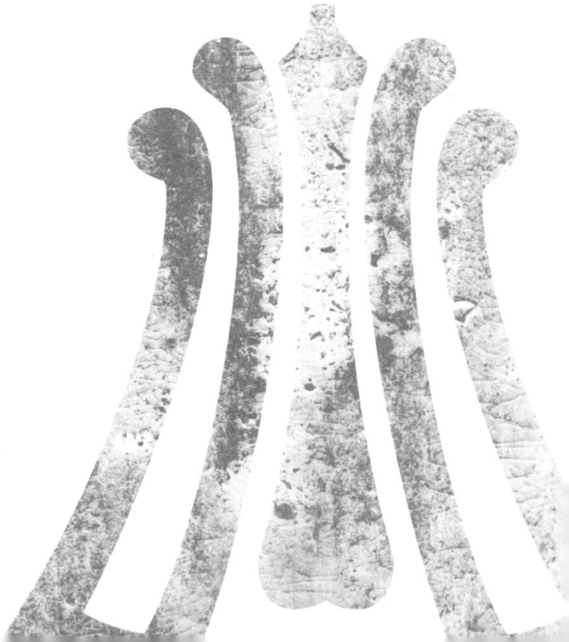

Harmonie, vriendelijkheid en gemeenschapszin zijn van grote waarde. Sociale harmonie is voor ons het hoogste goed. Alles wat deze harmonie – die wij allen nastreven – ondermijnt, dient tegen elke prijs te worden vermeden. Woede, haat, wraakzucht, en zelfs succes voortgekomen uit agressieve concurrentie kunnen dit hoge goed ernstig schaden.

We hebben de neiging om neer te kijken op de zwakken, de armen, de werklozen en de mislukkelingen, omdat we succes en macht tot onze goden hebben verheven, voor wie we devoot knielen en aan wie we deemoedig offers brengen. We hebben de neiging ons door mededogen en zorgzaamheid in verlegenheid te laten brengen, omdat deze kwaliteiten in de harde, gevoelloze zakenwereld geen waarde hebben.

We hebben het hier over eenheid, niet over eenvormigheid. Wat we nodig hebben is respect voor elkaars mening, en we mogen elkaar geen onwaarachtige motieven aanwrijven met als doel de integriteit van de ander in twijfel te trekken. Onze volwassenheid wordt beoordeeld op hoe goed we in staat zijn om het eens of oneens te zijn met een ander – terwijl we toch om elkaar moeten blijven geven, elkaar moeten liefhebben en het welzijn van de ander moeten nastreven.

{ Uit Tutu's aartsbisschoppelijke preek in de St. George's Cathedral, waar hij gewijd werd tot de eerste zwarte aartsbisschop van Kaapstad, september

1986 }

Als we in deze steeds pluriformere wereld mensen met een andere geloofsovertuiging negeren, is dat hetzelfde als horende doof en ziende blind zijn... We doen onszelf enorm tekort als we medemensen met een andere religie niet benaderen met een hoge mate van respect voor hun geloof en hun integriteit.

Arrogantie komt voort uit onzekerheid. Het gevoel dat we meer voorstellen dan een ander is in werkelijkheid de keerzijde van ons gevoel dat we minder voorstellen dan een ander.

In plaats van verwijdering en verdeeldheid zorgen alle verschillen voor een rijke diversiteit die we dienen te koesteren in het belang van de eenheid die eronder ligt. We verschillen juist van elkaar om te beseffen hoezeer we elkaar nodig hebben.

OOK VERKRIJGBAAR IN DEZE SERIE

LOVE: uitspraken en inspiratie van moeder Teresa
PEACE: uitspraken en inspiratie van Mahatma Gandhi
DREAM: uitspraken en inspiratie van Martin Luther King jr.

LIEFDADIGHEID

Een deel van de opbrengst van dit boek zal door aartsbisschop Desmond Tutu worden geschonken aan het kinderziekenhuis Tygerberg en de Philana-kliniek.

DANKWOORD

De uitgever wil graag de volgende mensen bedanken.

Aartsbisschop Tutu, voor zijn welwillende steun aan de Ubuntu-collectie, en Lynn Franklin, de literaire agente van aartsbisschop Tutu, voor haar bijdragen aan de serie in het algemeen en voor haar bijdragen aan dit boek in het bijzonder.

Mike Nicol voor zijn inzichtelijke biografisch essay. Mike Nicol geniet zowel in Zuid-Afrika als in het Verenigd Koninkrijk faam als auteur, journalist en dichter. Hij is auteur van vier door de critici enthousiast ontvangen romans die zijn gepubliceerd in Zuid-Afrika, de Verenigde Staten, het Verenigd Koninkrijk, Frankrijk en Duitsland. Zijn bekendste werk is zijn boek *A Good-Looking Corpse* (Secker & Warburg, 1991) een boek over het tijdschrift *Drum*, dat algemeen wordt beschouwd als een van de aangrijpendste verslagen van de levendige cultuur in de kleurlingenwijken van de jaren vijftig.

Wij danken tevens Jenny Clements voor de tekstresearch en Simon Elder voor de beeldresearch.

BEKNOPTE BIBLIOGRAFIE*

Allen, John, *Rabble Rouser for Peace – The Authorized Biography of Desmond Tutu*. Free Press, New York, 2006. **

Du Boulay, Shirley, *Tutu – Voice of the Voiceless*. Hodder & Stoughton, London, 1988

Tutu, Desmond, *Geen toekomst zonder verzoening*. De Bezige Bij, Amsterdam, 1999

Tutu, Desmond, *God heeft een droom. Hoopvolle gedachten voor onze tijd*. Gottmer, Haarlem, 2004

Tutu, Desmond en Mutloatse, Mothobi en Webster, John (red.), *Hope and Suffering – Sermons and Speeches*. Skotaville Publishers, Johannesburg, 1984

Tutu, Desmond en Allen, John (red.), *Onze overwinning op de apartheid*. Tirion, Baarn, 1994

Tutu, Naomi. *The Words of Desmond Tutu*. Newmarket Press, New York, 1989

* De hierboven genoemde Nederlandse vertalingen zijn voor deze uitgave niet gebruikt; dit boek bevat nieuw vertaalde citaten.

**De biografie van Desmond Tutu zal in Nederlandse vertaling verschijnen bij Uitgeverij De Arbeiderspers.

NOTEN BIJ HET BIOGRAFISCHE ESSAY

1 Allen, John, *Rabble Rouser for Peace – The Authorized Biography of Desmond Tutu*, 226; 2 Ibid. 225; 3 Ibid. 228; 4 Ibid. 228; 5 Du Boulay, Shirley, *Tutu – Voice of the Voiceless*, 46; 6 Ibid. 56; 7 Ibid. 58; 8 Ibid. 79; 9 Allen, John, *Rabble Rouser for Peace*, 139; 10 *Rand Daily Mail*, 1 mei 1976; 11 Allen, John, *Rabble Rouser for Peace*, 154; 12 Du Boulay, Shirley, *Tutu – Voice of the Voiceless*, 130; 13 Allen, John, *Rabble Rouser for Peace*, 176; 14 www.nobel.se/peace/laureates/1984/presentation-speech; 15 Du Boulay, Shirley, *Tutu – Voiçe of the Voiceless*, 250; 16 Allen, John, *Rabble Rouser for Peace*, 311; 17 Ibid. 370; 18 Ibid. 374

Andere citaten hebben de volgende bronnen: blz. 26 (boven), 28, 30, 34, 36–37, 39 (onder), 42, 45, 49, 51, 52, 54, 57, 61, 62, 68, 69, 72–73, 75, 79, 83 (onder), 84, 87 en 91 – Tutu, Desmond, *God Has a Dream – A Vision of Hope For Our Time*; blz. 26 (onder), 32–33, 35, 39 (boven), 40, 53, 58, 59, 65, 67 en 90 – Tutu, Naomi, *The Words of Desmond Tutu*; blz. 31, 85 en 92 – Tutu, Desmond, *No Future Without Forgiveness*; blz. 43, 46–47, 55, 81 en 88 – Tutu, Desmond en Allen, John, (red.), *The Rainbow People of God*; blz. 77 en 83 – Tutu, Desmond, *Hope and Suffering – Sermons and Speeches*.

Oorspronkelijke titel: *BELIEVE: The words and inspiration of Desmond Tutu.*

geproduceerd en bedacht door PQ Blackwell Limited
116 Symonds Street, Auckland, New Zealand
www.pqblackwell.com

postbus 97, 3990 DB Houten

www.unieboek.nl

ISBN 9789026936821
NUR 740

ontworpen door Cameron Gibb, Annatjie Matthee en Carolyn Lewis
vertaling: Eugène Eggermont